ANNALES

D'OCULISTIQUE

Fondées par **CUNIER** en 1838 et continuées par **WARLOMONT**

PUBLIÉES PAR LES DOCTEURS

MORAX — SULZER — VALUDE

67e ANNÉE. — T. CXXXII. — 3e LIVRAISON

Septembre 1904

—

EXTRAIT

—

H. FRENKEL

—

LE

PROFESSEUR GAYET

———

Adresser tout ce qui concerne la Rédaction

Bureau du Journal, 56, rue Bassano, VIII

et

Tout ce qui concerne l'Administration

O. Doin, 8, Place de l'Odéon

PARIS (VI)

Le Professeur GAYET

LE

PROFESSEUR GAYET

—

Un homme qui occupait une grande place dans l'oculistique française vient de disparaître. Victime d'un accident, alors qu'en dépit de son âge avancé sa constitution robuste lui promettait encore de longues années de travail, le professeur Gayet déployait hier encore une activité que lui enviaient de plus jeunes. C'est avec stupéfaction qu'on a appris cette mort tragique d'un homme qui a formé plusieurs générations d'oculistes et a rendu la vue à tant de milliers de malades. A le voir si jeune, si vaillant à supporter une existence pleine de travail, on avait le droit d'espérer qu'il continuerait encore longtemps à faire profiter de sa grande expérience ses nombreux élèves, ses nombreux malades.

Charles-Jules-Alphonse Gayet naquit à St-Genis-Laval (Rhône) le 19 mai 1833. Il fit ses études à l'Ecole de médecine de Lyon et fut nommé Interne des hôpitaux de cette ville en 1854. Après ses quatre années d'internat, il passa sa thèse de doctorat (*Etude expérimentale sur la ligature des artères*) à Paris, en 1858. Il se présente au concours de Majorat de l'Hôtel-Dieu de Lyon en 1860 seul concurrent contre Ollier. Nommé chirurgien-major de l'Hôtel-Dieu le 6 juin 1862, il y trouve les matériaux nécessaires pour se préparer à son futur rôle de grand chirurgien et de grand oculiste. Il avait été déjà professeur suppléant à l'Ecole de médecine pour la chaire d'Anatomie et de Physiologie où il remplaçait Chauveau. Pendant la guerre de 1870, il est nommé chirurgien en chef de la 2e ambulance lyonnaise. Il fait la campagne d'Orléans avec l'armée de la Loire, ce qui lui vaut la croix de la Légion d'honneur le 26 juin 1872. En 1873, il est nommé professeur suppléant de Pathologie externe à l'Ecole de médecine. Enfin, au moment de la création de la Faculté de médecine à Lyon, il est nommé en 1877 titulaire de la chaire de Clinique ophtalmologique nouvellement créée. C'est le premier titulaire d'une chaire de Clinique ophtalmologique en France.

Dès lors sa voie est bien tracée. Observateur patient et pénétrant, il apprend en tête à tête avec le malade la spécialité qui a toujours attiré sa curiosité et bientôt il devient un des maîtres les plus estimés, un des praticiens les plus habiles. La considération générale rapidement conquise a pour manifestation extérieure les distinctions honorifiques et scientifiques les plus variées. Officier d'Académie le 5 janvier 1881, officier de l'Instruction publique le 4 juillet 1887, il est nommé membre correspondant de la Société de Chirurgie en 1879, de l'Académie de Médecine en 1889. A Lyon, il est porté au siège de la présidence de la Société des Sciences médicales, de la Société nationale de médecine (1873), de la Société de Chirurgie (1900), de la Société d'Anthropologie, de la Société protectrice de l'enfance (1886-1900). Il était en outre membre de l'Académie de Dronthem (Norvège), de la Société de médecine d'Alexandrie, de la Société impériale de médecine de Vienne. Un accident d'automobile entraîne une issue fatale le 23 juillet 1904.

Comment dire comme il convient ce que fut Gayet comme savant, comme professeur, comme praticien, comme homme? Comment dépeindre cette figure si originale, si personnelle du chef de l'Ecole ophtalmologique lyonnaise? Gayet appartient à cette génération d'hommes d'élite qui a permis de créer, à côté et en dehors de Paris, un autre centre scientifique dont la gloire s'étend loin au delà des frontières de la France. Frère d'armes d'Ollier, collègue de B. Teissier, Rollet, Diday, pour ne citer que quelques-uns de ceux qui l'ont précédé dans la tombe, il faisait bonne figure au milieu de ces chirurgiens et médecins des hôpitaux de Lyon qui ont préparé le grand renom de la Faculté d'aujourd'hui. Comme chacun d'eux, il apporta son tribut au champ qu'il cultivait avec amour, comme eux il fit preuve de qualités éminentes. Dans ses conceptions, il est souvent personnel, toujours très pratique et avant tout il est à la recherche du progrès, du mieux.

Déjà en 1860, il se préoccupe de *la nature véritable du can-*

cer ; en 1873, il étudie *la régénération du cristallin* ; en 1889 , il s'occupe de *la perception des rayons ultra-violets par les opérés de cataracte* ; en 1887, *il montre les analogies de certaines panophtalmies infectieuses avec l'ostéomyélite*, à une époque où les pyocoques étaient à peine connus. Il suit toujours les progrès de la science, car si en 1881 il parle encore (au Congrès de Londres) de l'antisepsie en oculistique, en 1887, il traite déjà de l'asepsie oculaire et publie ses *expériences sur l'antisepsie et l'asepsie oculaire*. Il a des idées générales souvent fort personnelles. Il considère l'œil comme un émonctoire et à ce titre susceptible de présenter toute une pathologie spéciale, endogène comme on dirait aujourd'hui, à côté de la pathologie oculaire exogène, bien classée, banale.

Il a aussi un tour d'esprit très pratique qui a porté ses fruits et a doté l'oculistique d'un certain nombre d'interventions thérapeutiques du plus grand intérêt. C'est lui qui a introduit dans la pratique *le traitement des abcès de la cornée par la cautérisation ignée* (1877), procédé bien supérieur à l'incision de Saemisch. Il montre comment il faut faire *l'iridectomie dans les cas d'absence de la chambre antérieure* (1884), il décrit un *procédé d'opération du ptérygion* basé sur sa conception de pathogénie de cette affection par tiraillement, il a la hardiesse d'inaugurer le *renversement temporaire de la cornée pour opérer à ciel ouvert sur l'iris et la capsule du cristallin* (1897). Nous ne pouvons citer ici tous les procédés opératoires qu'il a décrits pour la première fois, encore moins tous ceux qu'il a réalisés sans jamais les décrire. Ces quelques exemples suffisent pour caractériser son œuvre scientifique.

Gayet était très habile de ses mains. Ami intime de Ranvier, il a appris dans la fréquentation de cet histologiste, les secrets du parfait micrographe et faisait à main levée des coupes d'une finesse incomparable. Aussi n'est-il pas étonnant qu'un de ses passe-temps favoris était de faire de l'histologie normale et pathologique de l'œil. Parmi les publications issues de cette tendance, citons l'*Histologie de la cataracte capsulaire* (1880), la *Microphotographie dans les laboratoires* (1887), l'*Iconographie photographique appliquée à l'Ophtalmologie* (en collaboration avec MM. Hocquard et Masson, 1887), les *Recherches anatomiques sur une ophtalmie sympathique expérimentale* (1890) les *Recherches sur le déplacement du pigment rétinien dans les divers états pathologiques de l'œil* (en collaboration avec M. Aurand, 1901).

Les questions de prophylaxie et d'hygiène oculaire l'ont toujours vivement préoccupé. A diverses époques de sa carrière, nous le trouvons aux prises avec ces problèmes ardus. Tantôt il est hanté par la question de *la mort par l'anesthésie à l'éther* (1867), tantôt par celle de la mort par le chloroforme. Plus tard (1877), il s'intéresse à l'*hygiène de la vue dans les écoles publiques* et à l'*éducation de la vue chez l'aveugle-né* (1884). Au point de vue démographique, il étudie la *distribution de la cataracte dans la région lyonnaise* (1882).

Même dans ses ouvrages et travaux didactiques, Gayet est resté très personnel. Son style est clair et imagé, il aime les comparaisons. Il décrit et raconte ce qu'il a vu. Aussi ses articles de dictionnaire (DECHAMBRE : *Cornée*, 1877 ; *Cristallin*, 1879 ; *Héméralopie*, 1888) seront-ils toujours à consulter et ses *Eléments d'Ophtalmologie à l'usage des médecins praticiens* (1893) rendront toujours service non seulement à ceux qui débutent, mais encore aux chercheurs. On consultera surtout son article de l'Encyclopédie américaine « System of ocular diseases » de Lorris et Oliver, sur les *Signes oculaires de la mort* (Philadelphie, 1900).

Entre toutes ses publications, les plus précieuses paraîtront celles qui sont relatives à la cataracte, étant donné l'immense expérience de Gayet dans cette matière. Aussi n'est-il pas surprenant que déjà en 1888, il avait été rapporteur au Congrès de Heidelberg de la délicate question de l'*Opération de la cataracte*.

L'œuvre scientifique de Gayet est d'ailleurs non seulement fort vaste, mais surtout fort variée. Il est donc malaisé de donner un aperçu complet de tout ce qu'il a apporté à notre science et à notre art. Il faudrait pour cela connaître non seulement toutes ses publications personnelles, mais encore toutes les thèses qu'il a inspirées et qui sont très nombreuses. Il n'est presque pas de coin d'ophtalmologie qu'il n'ait fouillé, à commencer par les brûlures au point de vue clinique et les procédés d'autoplastie pour en réparer les ravages, et en terminant par les problèmes les plus obscurs de pathologie générale dans leurs applications à l'ophtalmologie. Partout il a apporté une expérience consommée, un bon sens clinique remarquable, un don d'observation qui devient aujourd'hui de plus en plus rare. C'est lui qui a décrit pour la première fois la « maladie du sommeil » longtemps avant qu'on ait songé à revendiquer une place à part pour ce syndrome morbide. Plus on lira ses publications, et plus on sera étonné d'y trouver qu'il fut le précurseur des idées aujourd'hui classiques.

Gayet était un des meilleurs professeurs de la Faculté de Lyon, ce qui n'est pas peu dire. Il aimait le professorat, il aimait sa clinique. Il consacrait à l'un et à l'autre le meilleur de son temps, il y pensait toujours, il ne pouvait pas vivre en dehors de ces fonctions. Ce qui est aujourd'hui la clinique ophtalmologique de Lyon, c'est lui qui l'a fait. C'est lui qui attirait les milliers de malades de toute la région lyonnaise, c'est lui qui obtenait, grâce à sa haute autorité, toutes les installations, aménagements, perfectionnements dans sa clinique, en mettant à contribution tour à tour l'Université et l'Administration des hospices. Aussi cette clinique a-t-elle aujourd'hui une très belle organisation. La grande pièce unique de jadis qui servait à la fois de salle d'opérations, de salle de visite, de salle de cours, de laboratoire s'est peu à peu différenciée et bien que le rêve de Gayet ne fut jamais réalisé, chaque année apportait quelque nouvelle amélioration. Aujourd'hui, il y a salle d'opération distincte de la salle des cours, et toutes les installations modernes y ont été introduites peu à peu. L'électricité a pénétré partout : éclairage, cautère, grand électro-aimant de Haab modifié par Gayet (suspension), jusqu'aux étuves chauffées à l'électricité, tout montre l'homme épris du progrès.

J'aurais voulu longuement décrire cette clinique où Gayet a passé 27 ans de son existence et qui est devenue une vaste pépinière d'oculistes. Malheureusement la place m'est mesurée ; je rappellerai donc seulement que cette clinique était doublée d'un laboratoire qui était une de ses plus chères créations. Histologiste lui-même, il ne se désintéressait ni de la microbiologie, ni des autres sciences qui ont pénétré l'ophtalmologie moderne. Il passait de longues heures à conférer avec son chef de laboratoire et ses autres collaborateurs, en cherchant à élucider le plus complètement possible tous les cas qui sortaient de l'ordinaire. De cet effort persévérant est né un riche musée de pièces macroscopiques complété par une iconographie photographique qui n'est pas publiée tout entière. Comme contre-partie de ce musée, la clinique possède une riche collection de coupes histologiques comprenant l'anatomie comparée, l'histologie normale et l'histologie pathologique de l'œil. Un grand atlas renferme la collection de photographies qui montrent les résultats opératoires de ses interventions. Il y a encore la collection des corps étrangers extraits de l'œil, etc. Partout l'esprit méthodique, prévoyant et systématique du chef se faisait sentir. Toutes ces ressources jointes aux collections d'instruments et appareils d'optique et de thérapeutique oculaire lui ont permis de faire de son enseignement ce qu'il est devenu avec le cours des années, un enseignement modèle.

Gayet adorait l'enseignement et il enseignait non seulement pendant les heures du cours magistral, mais toute la matinée depuis son arrivée à l'hôpital jusqu'à son départ. Il ne se bornait pas à quelques explications sommaires, mais faisait constamment appel à l'anatomie, à l'optique, à la mécanique, à toutes les sciences dont se compose un enseignement moderne. Tout de suite, il faisait apporter les modèles, les planches, dessins, pièces macroscopiques ou microscopiques nécessaires pour donner une leçon des choses. Il ne lâchait pas son malade tant qu'il n'eût fait comprendre au moins initié tous les détails nécessaires à l'intelligence du cas. Autour de lui, il y avait toujours foule attentive et intéressée et dans cette atmosphère les heures s'écoulaient douces et rapides, toujours, bien remplies, toujours instructives pour le débutant comme pour le praticien avancé.

Sa passion pour l'hôpital n'avait d'égale que celle dont donna un exemple le regretté professeur Potain. Lorsque je vins pour la première fois dans le service de la Charité de l'illustre clinicien, je fus frappé par un petit détail qui en dit long sur les conséquences du régime de liberté dont jouissent nos élèves. Le premier arrivé dans la salle des malades était toujours le « père Potain » ; ce n'est qu'après lui qu'arrivait le chef de clinique. Quelque temps après apparaissait l'interne du service, suivi plus tard par les externes. Enfin les stagiaires et autres élèves remplissaient peu à peu la salle des malades. On pouvait dire que chacun en prenait pour son grade. Eh bien ! Gayet avait ceci de commun avec Potain qu'il fût toujours le premier dans son service qu'il quittait toujours le dernier, toujours après midi sonnés. Il consacrait d'abord une petite demi-heure à son laboratoire, passait trois bonnes heures avec les malades et revenait pour une petite demi-heure dans son cabinet de travail pour faire ou colorer des coupes. Dimanche comme jours de fête, il était fidèle au poste et nul ne pouvait se vanter de consacrer plus de temps à sa clinique que lui. D'ailleurs ce temps était systématiquement partagé entre consultation, visite aux lits des malades, examen fonctionnel et clinique, opérations, pansements, leçons, démonstrations, etc., etc. Il donnait toujours le bon exemple aux jeunes, en leur montrant qu'il n'y a pas de besogne indigne du professeur, en faisant lui-même pansements, toilette des malades, en un mot tout dont pouvait dépendre la bonne issue d'une opération. Ce n'était pas le professeur *ex-cathedra*, mais « le bon maître », aimant et aimé de ses élèves, s'intéressant au plus petit « hypo »,comme il appelait familièrement les « sous-externes ». Tout en laissant une grande liberté à ses collaborateurs, il les associait à son enseignement en les chargeant des conférences d'anatomie et d'histologie oculaires, de l'examen fonctionnel de l'œil, etc.

Mais la plus grande réputation de Gayet fut celle qu'il s'est conquise comme opérateur. Elevé dans la grande Ecole chirurgicale de Lyon, il apporta les procédés de chirurgie générale dans l'oculistique sans négliger pour cela les procédés particuliers à l'ophtalmologie. J'ai dit qu'il était d'une grande habileté manuelle et il le montrait à chaque instant lorsqu'il était aux prises avec un malade indocile ou avec une opération d'exécution malaisée. Ce n'était pas seulement l'homme qui a opéré le plus grand nombre de cataractes, en France et à l'étranger, mais surtout l'homme qui opérait le mieux en Europe la cataracte et tout ce qui touchait à la cataracte. Aussi pouvait-il se permettre sans le moindre inconvénient de faire la kérato-kystitomie dans tous les cas de cataracte ; il pouvait aussi pratiquer le retournement de la cornée pour ses interventions sur l'iris et la capsule du cristallin, sans le moindre incident.

Bien qu'ayant toujours de bons résultats avec les procédés employés, il ne se cantonnait pas dans un procédé d'élection, mais cherchait à se faire une opinion personnelle sur tous les perfectionnements recommandés par ses confrères. Dans ce but, il procédait par séries et ses séries se chiffraient toujours par centaines. Extraction linéaire ou à grand lambeau, extraction simple ou combinée, antisepsie et asepsie, lavages de la conjonctive et de la chambre antérieure et pas de lavages, suture de la cornée et pas de suture, pansement à l'emplâtre de zinc et pansement simple, il a tout essayé, tout vérifié — et ainsi il opérait pendant des années par tous les procédés possibles et imaginables, et toujours avec d'excellents résultats. A le voir agir ainsi, on avait l'impression que tout dépend bien moins du procédé que de l'opérateur, du moins quand l'opérateur est bon. Il excellait aussi dans les opérations plastiques, dans les strabismes, il excellait, à vrai dire, dans toutes les interventions oculistiques.

En dehors de l'intervention chirurgicale, il fut sobre de médicaments. Avec la pommade jaune il guérissait les trois quarts de malades. Mais il savait appliquer à propos le cautère et ne craignait pas le nitrate d'argent en crayon quand une ophtalmie purulente chez l'adulte menaçait la cornée. Quant aux découvertes modernes, il se servait de la sérothérapie en cas de diphtérie oculaire et ne négligeait jamais de faire son profit des progrès de la pathologie générale.

Sa grande force était son expérience clinique, secondée par un tempérament chirurgical. Il savait opérer à propos, il savait aussi s'abstenir à propos.

En dehors de son activité de professeur et de praticien, il ne négligeait pas ses devoirs d'universitaire. Pendant de longues années, il était assesseur du Doyen et se montrait toujours d'une grande bienveillance pour les étudiants. Sa bonhomie désarmait les plus farouches et aux rares moments de fermentation parmi les étudiants il savait, en l'absence du Doyen, ramener le calme dans les esprits.

Peut-être plus encore qu'à la Faculté il s'intéressait à l'avenir de l'Université lyonnaise, surtout depuis que la loi avait reconnu aux Universités la personnalité civile. Pour donner un bon exemple aux Mécènes de Lyon, il excita dans sa famille

même la générosité d'un homme éclairé qui fonda le prix Fal-
couz, d'une réelle importance dans chacune des quatre Facul-
tés de l'Université lyonnaise.

Gayet était un lettré et un artiste. Il aimait les Lettres et les
Arts. Sa parole, sa plume étaient empreintes d'une élégance
qui savait se concilier avec une grande simplicité. Son inté-
rieur décelait des goûts affinés et tous ses moments de loisir
étaient consacrés aux Beaux-Arts.

Tel était le professeur de Lyon qui, en dépit de ses allures
modestes, a su forcer l'attention des hommes compétents du
monde entier. L'Allemagne l'a choisi comme rapporteur d'une
des questions les plus importantes, l'Amérique a sollicité de
lui une contribution sur une question peu explorée, le Congrès
du Caire l'a nommé président de la Section d'Ophtalmologie,
les Sociétés savantes de la Norvège et de l'Autriche tenaient à
honneur de le compter parmi leurs membres. Mais c'est en
France surtout qu'il jouissait d'une haute estime. Les regrets
de sa disparition seront sincères et profonds. Qu'il soit permis
à un de ses élèves de joindre le tribut de ses hommages à tous
ceux qui, si éloquemment, se sont produits déjà.

H. Frenkel.

TRAVAUX SCIENTIFIQUES

DU Professeur GAYET

1858. Oblitération et cicatrisation des artères après la ligature (En collaboration avec Chauveau. *Soc. de médecine*, 19 juillet).
Etude expérimentale sur la ligature des artères (*Thèse inaugurale*. Paris, 1858).

1860. Réflexions sur la nature véritable du cancer (*Gazette méd. de Lyon*, 31 juillet).

1861. De l'interprétation des signes physiques extérieurs dans les productions morbides (*Gaz. méd. de Lyon*, 1861).

1864. Luxation sous-glénoïdienne compliquée de phénomènes nerveux remarquables (*Soc. des Sciences méd.*, 6 janvier).
Résection du genou (*Ib.*, 20 janvier).
Résection du coude pour tumeur blanche (*Ib.*, 30 mars).
Rupture des muscles droits de l'abdomen (*Ib.*, 6 avril).
Cas remarquable d'anévrisme artério-veineux traumatique de l'artère et de la veine fémorale profonde (*Gaz. méd. de Lyon*, 16 juillet).
Paralysie présumée syphilitique de tous les nerfs moteurs de l'œil avec cécité (*Gaz. méd. de Lyon*, 16 août).
Application du canquoin dans les goîtres kystiques (*Soc. des scienc. méd.*, 13 juillet).
Notes sur plusieurs cas de goître kystique (*Gaz. méd. de Lyon*, 16 nov.).
Aphémie syphilitique (*Soc. des scienc. méd.*, 7 décembre).

1865. Sur le procédé de herniotomie de Malgaigne (*Gaz. méd. de Lyon*, 16 février).
Ophtalmoscope fixe (*Soc. des Scienc. méd.*, 22 mars).
Résection du genou (Résultat datant d'un an) (*Soc. imp. de méd. Lyon*, 1er mai).
Piqûre anatomique. — Traitement (*Gaz. hebdom. de méd. et de chir.*).
Kyste hydatique du foie traité par la cautérisation. — Hémorrhagie intra-kystique. — Mort (*Gaz. méd. de Lyon*, avril).
Ovariotomie (*Gaz. méd. de Lyon*, avril et *Gaz. hebdom.*).
Mémoire sur l'hypertrophie conjonctive généralisée (*Soc. des sciences méd.*, décembre).

1866. Notes sur une entorse de l'avant-bras spéciale aux ouvriers teinturiers chargés du lavage et du tordage des soies (*Gaz. méd. Lyon*, 1er mai).
Notes sur un goître aérien (*Gaz. méd. Lyon* et *Gaz. hebdom.*, 1866).

1867. Hypertrophie des amygdales d'origine traumatique (*Gaz. méd. Lyon*, 21 juillet).
Goître kystique (*Gaz. méd. Lyon*, 11 août).
Quelques mots sur la scintillation oculaire à propos d'une observation (*Gaz. méd. Lyon*).
Rapport sur les cas de mort survenus à Lyon depuis la découverte de l'anesthésie et qui peuvent être mis à la charge de l'éther (*Gaz. méd. Lyon*, septembre).

1868. Cas d'arrachement d'un pied par une machine à vapeur (*Gaz. méd. Lyon*, mars).

Cas d'iridectomie (*Gaz. méd.*, 16 avril).

Nouvel ophtalmoscope fixe (*Journal de méd. de Lyon*, n° 9, 1868).

Nécrose très étendue du crâne (*Gaz. méd. de Lyon*).

Plaies articulaires. — Leur traitement (*Gaz. méd. Lyon*).

Etude sur l'assistance des malades à domicile (1868).

Rétrécissement cicatriciel de l'orifice du vagin produisant une rétention d'urine. — Section du rétrécissement. — Guérison (*Gaz. méd. Lyon*).

Staphylome de la cornée guéri par l'iridectomie (*Gaz. méd. Lyon*).

1869. Corps fibreux de l'utérus. — Hystérotomie (*Soc. des sciences méd. Lyon*, janvier).

Etude critique sur un fait d'inoculation de sang de rate du mouton à l'homme (*Lyon médical*, 28 mars).

Hyperesthésie rétinienne totale. — Traitement hydrothérapique. — Guérison (Collaboration avec Fontais. *Lyon médical*, 5 décembre).

1870. Emploi de la pointe métallique dans une fracture grave de jambe. — Guérison (*Gaz. hebdom. de méd. et de chir.*).

Observation de tétanos traumatique traité par la section dans l'aisselle de tous les nerfs du plexus brachial. — Insuccès (*Lyon méd.*, 5 juin).

1872. Réduction d'une luxation de la mâchoire inférieure datant de plus de 3 mois au moyen d'un instrument nouveau (*Lyon méd.*, 27 avril).

Résultats de l'extraction linéaire dans un service de l'Hôtel-Dieu de Lyon (*Lyon méd.*, 1873).

Régénération du cristallin (*Congrès des sciences méd. Lyon*).

De la discision équatoriale de la capsule du cristallin dans l'opération de la cataracte par la méthode linéaire (*Congrès de l'Ass. franç. pour l'avanc. des sciences*, Lyon).

1874. Quelques applications de l'ischémie chirurgicale (*Gaz. hebdom.*).

Cas d'extirpation d'un kyste du ligament large (*Lyon méd.*, 26 avril).

1875. Compte rendu du service du chirurgien-major de l'Hôtel-Dieu de Lyon (Lyon, chez Vingtrinier, 1875).

Aspiration des liquides dans les cavités pathologiques (*Congrès de Nantes*).

Affection encéphalique localisée aux étages inférieurs des pédoncules cérébraux, etc... (*Arch. de physiologie*).

Des plaies pénétrantes de l'articulation du genou (*Lyon méd.*).

Notice biographique sur Pétrequin.

1876. Blépharoplastie (Com. à la *Soc. de chir. de Paris*).

Quelques points de l'anatomie et de la physiologie de la sclérotique (*Congrès de Clermont-Ferrand*).

De l'inutilité des pansements occlusifs après la kératotomie et la sclérotomie (*Lyon méd.*, 23 avril).

Deux faits pour servir à l'histoire étiologique des paralysies oculaires (*Gaz. hebdom*).

1877. Cornée (Art. in *Dictionnaire encyclop.* Dechambre).

Traitement des abcès de la cornée par la cautérisation ignée (Com. à la *Soc. franç. de chir.* Paris).

Les écoles publiques et l'hygiène de la vue (*France méd. et Recueil d'ophtalmologie*).

1878. Compte rendu de la clinique ophtalmologique (Lyon, chez Pitrat).

Fracture directe de l'orbite. — Chémosis considérable limité à la paupière inférieure. — Guérison (Leçon recueillie par Hocquart. *Lyon méd.*, 3 févr.).

1879. Cristallin (Art. in *Dictionnaire Encyclop.* Dechambre).

Abcès superficiel de la cornée. — Des caractères fournis par l'hypopyon au point de vue du pronostic (*Lyon méd.*, avril).

1880. Cautérisation ignée dans les abcès de la cornée (*Congrès de Milan.*, 3 septembre).

Sur un point d'histologie de la cataracte capsulaire (*Lyon méd.*, 1880).

Nouveau procédé d'iridectomie dans les cas de cataracte secondaire (*Congrès de Reims*, 14 août).

1881. De l'antisepsie en oculistique (Discussion au *Congrès de Londres*).

Expulsion totale de l'iris. — Suite de traumatisme par un choc sur le globe oculaire (*Archives d'ophtalm.*).

Tumeur pulsatile de l'orbite (*Congrès d'Alger*).

Microphotographie dans les laboratoires (*Société de Biologie*).

Iconographie photographique appliquée à l'ophtalmologie. — Atlas (Collaboration avec Hocquard et Masson, chez Georg).

1882. Traitement du trichiasis et de l'ectropion par la blépharoplastie (*Annales d'oculistique*).

Quelques conseils raisonnés à propos des traumatismes oculaires et des premiers soins à leur donner (*Recueil d'ophtalmologie*).

Sur la distribution de la cataracte dans la région Lyonnaise (*Congrès de la Rochelle*).

1883. Formes rares de traumatismes amenant tumeur de l'iris faisant hernie sous la plaie cornéenne (*Com. à la Soc. franç. d'ophtalm.* Paris).

Lésion congénitale de la rétine (*Archives d'ophtalm.*).

1884. Iridectomie dans le cas d'absence de la chambre antérieure (*Com. à la Soc. franç. d'ophtalm.* Paris).

De la perception des rayons ultra-violets par les opérés de cataracte (*Com. à la Soc. franç. d'ophtalm.* Paris).

Iridectomie dans les abcès cornéens (*Congrès de Copenhague*).

Du chlorhydrate de cocaïne dans la chirurgie oculaire (*Lyon méd.*, 30 nov.).

Education du sens de la vue chez un aveugle-né (*Soc. d'anthropologie de Lyon*).

De l'anesthésie en oculistique (*Archives d'ophtalm.*).

Sur l'opération de la cataracte (*Soc. Nation. de méd. de Lyon*, mai).

1885. De la tuberculose conjonctivale (*Com. à la Soc. franç. d'ophtalm.* Paris).

Epithélioma des paupières (*Soc. méd. chir. des hôp.*, 13 février).

Sarcome mélanique de l'œil (*Soc. méd. chir. des hôp.*, 13 février).

Essai sur l'atrophie du globe oculaire (*Arch. d'ophtalm.*, 1885).

Essai sur le retour de l'extraction de la cataracte à la méthode française (*Lyon méd.*, 31 mai).

Traumatisme de l'œil. — Ophtalmie sympathique (*Soc. méd. chir. des hôp.*, 18 décembre).

1886. De la kératokystitomie dans l'opération de la cataracte (*Com. à la Soc. franç. d'ophtalm.* Paris).

Tumeurs orbitaires (*Lyon méd.*).

Sur les tumeurs symétriques des deux orbites (*Arch. d'ophtalm.*).

Blenophtalmie des nouveaux-nés (*Soc. nat. de méd.*, 8 février).

L'examen des malades en ophtalmologie (Leçon in *Prov. méd.*, décembre).

1887. Asepsie oculaire (*Com. à la Soc. franç. d'ophtalm.* Paris).

Sur une panophtalmie infectieuse d'origine microbienne. — Analogie avec l'ostéomyélite (*Soc. nat. de méd.*, 24 janvier et *Arch. d'ophtalm.*, mars-avril).

Des corps étrangers de la conjonctive (Leçon in *Prov. méd.*, janvier).

Ophtalmie des nouveaux-nés (Leçon in *Prov. méd.*, juin).

Recherches expérimentales sur l'antisepsie et l'asepsie oculaire (*Soc. nat. de méd.*, 11 juillet et *Arch. d'ophtalm.*, septembre-octobre).

Néoplasme de la cornée (*Soc. nat. de méd.*, 5 décembre).

Blépharoptoses doubles (Leçon in *Prov. méd.*, décembre).

1888. Blépharoptose. — Cure opératoire (*Soc. nat. de méd.*, 23 janvier).

Héméralopie (Art. in *Dict. Dechambre*).

Kystes de l'iris (*Com. à la Soc. franç. d'ophtalm.*, Paris).

Tumeur érectile de la paupière supérieure (Leçon in *Prov. méd.*, janvier)

L'opération de la cataracte (*Rapport au Congrès international d'ophtalm.*, Heidelberg).

Deux tumeurs symétriques du globe oculaire (*Arch. d'ophtalm.*).

1889. De l'entropion (Leçon in *Prov. méd.*, 23 février).

De l'extraction de la cataracte (Leçon in *Prov. méd.*, 6 avril).

Suture de la cornée (*Com. à la Soc. franç. d'ophtalm.*).

Sur un cas d'adénome de la choroïde (*Arch. d'ophtalm.*).

Kératite phlycténulaire de la rougeole (*Soc. nat. de méd.*, 18 mars).

Cataracte zonulaire (*id.*, novembre).

1890. Recherches anatomiques sur une ophtalmie sympathique expérimentale (*Soc. de méd.*, déc. 1889 et *Arch. d'ophtalm.*, 1890).

Une question de chirurgie oculaire à travers les âges. — La cataracte (Leçon in *Prov. méd.*, avril).

Corps étranger de l'orbite (*Soc. nat. de méd.*, décembre).

Traitement de l'ophtalmie blennorrhagique (Leçon in *Prov. méd.*, février).

1891. Essai sur les recherches de l'acuité visuelle après l'opération de la cataracte. — Nécessité de l'emploi d'une méthode uniforme (*Livre d'or de Helmholtz*, Stuttgard).

Un kyste des cellules ethmoïdales antérieures (Leçon in *Prov. méd.*, janvier).

Sarcome blanc de la choroïde (*Soc. des Scienc. méd.*, janvier).

Traitement de l'ophtalmie purulente des nouveau-nés (*Soc. nat. de méd.*, mars).

1892. Restauration osseuse du rebord de l'orbite (*Arch. d'ophtalm.*).

Deux tumeurs à marche rapide développées dans l'orbite d'une enfant de 14 ans (*Soc. franç. d'ophtalm.*, Paris).

Un cas de luxation double du cristallin (Leçon in *Prov. méd.*, juillet).

1893. Une observation de cécité intermittente (*Com. à la Soc. franç. d'ophtalm.*).

Eléments d'ophtalmologie à l'usage des médecins praticiens (In-8°, chez Masson, Paris).

1894. Anévrisme artérioso-veineux de l'orbite (*Soc. nat. de méd.*, février).

Déterminations oculaires au cours d'affections cardiaques (*Congrès de Rome*, avril).

Restauration des parties molles dans les lésions traumatiques des paupières (*Congrès de chir. de Lyon*, 1894).

1895. Un essai d'application de la sérothérapie à la diphtérie conjonctivale (*Archives d'ophtalm.*).

Autoplastie des paupières pour un cas de lupus de la face (*Soc. nat. de méd.*, janvier).

1897. Du renversement temporaire de la cornée pour opérer à ciel ouvert sur l'iris et la capsule du cristallin (*Com. à la Soc. franç. de chir.*, Paris).

Deux cas de kystes congénitaux intra-orbitaires (*Soc. de chir. de Lyon*, 1er juillet).

Tumeur mélanique de l'orbite (*Soc. nat. de méd.*, 15 mars).

1898. De la conduite à tenir dans les cas de pénétration dans la chambre antérieure de l'œil, de certains corps étrangers (*Soc. de chir. de Lyon*, décembre).

Déchirure traumatique du droit externe de l'œil (*Soc. de chir.*, 3 mars).

Un cas de néoplasme oculaire diagnostiqué (*ib.*, 17 mars).

Traitement chirurgical de la myopie par l'extraction du cristallin (*ib.*, 29 avril).

Sur un cas de strabisme (*Soc. nat. de méd.*, 28 mars).

Exophtalmie intermittente (*Soc. de chir. de Lyon*, 2 juin).

1899. Lymphosarcome généralisé avec tumeurs orbitaires (*Soc. de chir. Lyon*, 2 février).

Restauration des paupières ectropionnées (*ib.*, 13 avril).

Tumeur de l'orbite (*ib.*, 30 novembre).

1900. Signes oculaires de la mort (in *System of ocular Deseases*, par Norris et Oliver, Philadelphie, 1900).

Extraction des corps étrangers métalliques de l'œil par le procédé de l'aimant (*Soc. de chir.*, 18 janvier).

Traumatisme de l'orbite. Méningite. Mort (*ib.*, 22 mars).

Loupe binoculaire de M. Berger (*Soc. nat. de méd.*, 26 mars).

Paralysie du trijumeau et du facial inférieur. *Soc. de chir. de Lyon*, 7 juin).

Anesthésie par le chlorure d'éthyle (*ib.*, 7 juin).

Staphylome de la cornée guéri par le renversement temporaire de la cornée (*Soc. de chir. de Lyon*, 6 décembre).

Brûlures de la face. Cicatrices vicieuses (*ib.*, 6 décembre).

1901. Recherches sur les déplacements du pigment rétinien dans les divers états pathologiques de l'œil (Collab. avec Aurand. *Soc. franç. d'ophtalm.*, Paris).

Angiome de l'orbite (*Soc. de chir. Lyon*, 14 février).

Un cas de lèpre chez une jeune femme de l'Ardèche. Lésions oculaires (*ib.*, 14 mars).

Anévrisme artérioso-veineux de l'orbite. — Complications phlébitiques (*ib.*, 27 juin-11 juillet).

Atrophie du nerf optique à la suite d'une blessure par un brin de paille (*ib.*, 28 novembre).

1902. Sarcome de l'orbite (*Soc. de chir. Lyon*, 23 janvier).

Prothèse pour cicatrices vicieuses de la face (*ib.*, 22 mai).

Troubles cornéens produits par le sublimé (*ib.*, 10 juillet).

Sur un point de la physiologie des procès ciliáires (*Congrès du Caire*, décembre).

1903. Tumeur cérébrale chez une jeune fille. Ponction rachidienne (*Soc. de chir. de Lyon*, 4 juin).

Coup de feu de l'orbite gauche. Hémorrhagie sous-méningée tardive (*ib.*, 12 novembre).

1904. Examen histologique d'une tumeur intra-orbitaire (*Soc. de chir.*, 26 mai).

Énorme corps étranger de l'orbite. — Lame de couteau (*ib.*, juin).

Imp. J. Thevenot, Saint-Dizier (Hte-Marne)

CONDITIONS DE PUBLICATION ET D'ABONNEMENT

Les **Annales d'Oculistique** paraissent régulièrement tous les mois, en un fascicule de 80 pages, et forment par an deux volumes, ensemble de 1,000 pages environ.

Elles contiennent des travaux originaux et les analyses ou les comptes rendus de tout ce qui paraît en ophtalmologie dans tous les pays.

Tout livre ou mémoire dont on adressera deux exemplaires au bureau du journal, sera analysé.

Pour tout travail original de 8 pages de texte ou plus, il sera fait un service de 50 exemplaires tirés à part.

Les Auteurs qui désireraient un plus grand nombre de tirés à part sont priés de nous en avertir aussitôt après la correction de leurs épreuves.

Les abonnements partent du 1er janvier de chaque année et ne sont reçus que pour l'année entière. A quelque date de l'année que soit pris l'abonnement, les abonnés recevront tous les numéros parus depuis le 1er janvier.

Le prix de l'abonnement est de **20 francs** par an pour la France et l'Etranger (frais de poste compris).

On s'abonne sans frais dans tous les bureaux de poste.

On s'abonne aussi en adressant à O. Doin, 8, Place de l'Odéon, à Paris, le montant de l'abonnement en un mandat-poste ou un chèque sur Paris.

Tout ce qui concerne la rédaction doit être envoyé au bureau du journal, 56, Rue Bassano, à Paris.

Pour les collections ou fragments de collections antérieures au mois de juillet 1891, s'adresser à Mme Deppe-Warlomont, 67, rue de la Vallée, à Bruxelles.

Les **Abonnés** sont instamment priés d'adresser à M. O. Doin, 8, Place de l'Odéon, les réclamations au sujet des numéros du Journal qui ne leur seraient pas parvenus. Cette réclamation devra se faire au plus tard un mois après la publication du numéro qu'ils n'auraient pas reçu.

Imp. J. Thevenot, Saint-Dizier (Haute-Marne).

9 782019 984298